4.-7. Schuljahr

Cornelia Gutjahr

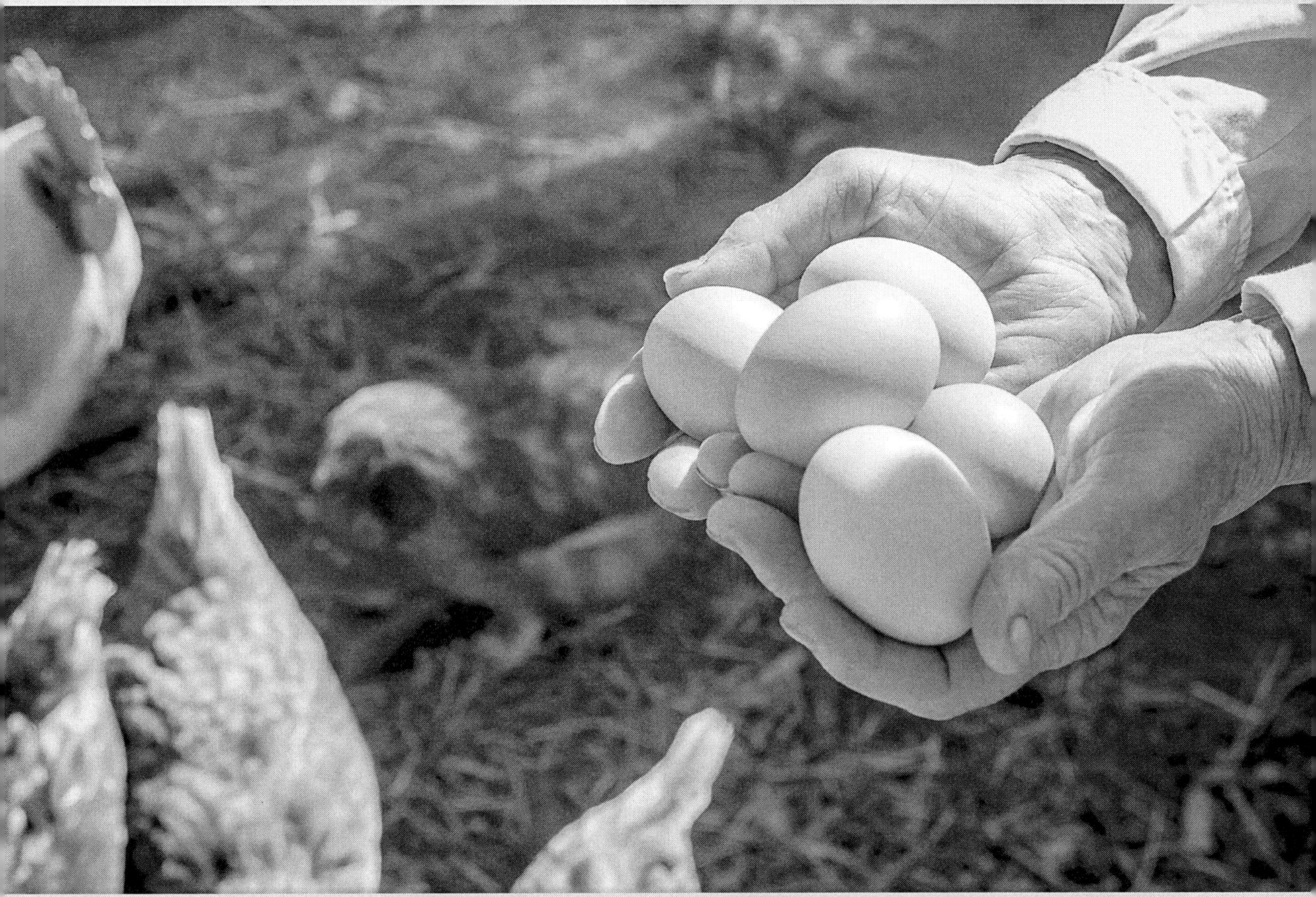

Lernwerkstatt

Das Ei

Ein Meisterwerk der Natur unter der Lupe

www.kohlverlag.de

Lernwerkstatt Das Ei

Ein Meisterwerk der Natur unter der Lupe

1. Auflage 2022

Inhalt: Cornelia Gutjahr
Umschlagbild: yanadjan & Torbz - AdobeStock.com
Redaktion: Kohl-Verlag
Grafik & Satz: Kohl-Verlag
Druck: farbo prepress GmbH, Köln

Bestell-Nr. 12 828

ISBN: 978-3-98558-227-3

Bildquellen: alle AdobeStock.com:

S.2: Africa Studio; S 3-32: senoldo; S. 5: Tim UR; S. 6: Peter Hermes Furian, senoldo; S. 7: valery121283; S. 9: Martin Grimm; S. 12: Renate Flormann; S. 13: Arpad Nagy-Bagoly; S. 14: goldbany; S. 16: Lukas; S. 17: justas; S. 18: bennytrapp; S. 19: bennytrapp, Wolfgang; S. 21: martinkubik 27; Axel Gutjahr; S. 28: dima_pics; S. 31: Peter Hermes Furian

Alle anderen Bilder:
Axel Gutjahr

Ina Müller, Hellborn
S. 4; S. 29; S. 30

Inhalt

Seite

Liebe Kolleginnen, liebe Kollegen,

obwohl das Hühnerei das zentrale Thema in dieser Lernwerkstatt darstellt, werden auch weiterführende Aspekte behandelt, beispielsweise welche sonstigen Wirbeltiere Eier legen und welche „Eierdiebe" es in der Natur gibt. Es enthält Aufgaben, die zum Teil darauf abzielen, dass die Schüler sowohl ihre Kreativität ausleben können als auch selbstständig neues Wissen erschließen. Das geschieht in der Weise, dass bereits vorhandenes Wissen mit zielgerichteten Überlegungen kombiniert wird. Dadurch schafft man Erfolgserlebnisse, die oft zusätzliche Begeisterung für die Thematik entfachen. Außerdem wurde viel Wert sowohl auf einen großen Praxisbezug als auch auf die Vermittlung von Wissen gelegt, das sich als Grundlage in den Fächern Physik, Chemie und Biologie nutzen lässt.

Viel Erfolg beim Einsatz dieser Lernwerkstatt wünschen das Team des Kohl-Verlags und

Cornelia Gutjahr

Lernwerkstatt Das Ei
Ein Meisterwerk der Natur unter der Lupe – Bestell-Nr. 12 828

1 So entsteht ein Hühnerei

Es ist wieder Sonntag. Heute hat die Familie Schmidt etwas länger geschlafen als in der Woche. Nun sitzen alle Familienmitglieder, Vater, Mutter, der 9jährige Arthur und die 7jährige Finja am Esstisch und lassen sich das Frühstück schmecken.

Wie an jedem Sonntag stehen auch heute gekochte Frühstückseier mit auf dem Tisch. Nachdem Tina ihr Ei aufgegessen hat, sagt sie etwas nachdenklich: „Ich weiß, dass die Frühstückseier von Hühnern gelegt werden. Aber kann mir jemand erklären, **wie so ein Ei im Huhn entsteht**?“

Der Vater, der Tierarzt ist, kennt sich damit bestens aus. Lächelnd antwortet er: „Ja klar kann ich dir das erklären“ und beginnt zu erzählen:

„**Die Hühner besitzen in ihrem Körper ein Organ**, das man als **Eierstock** bezeichnet. **Im Eierstock wird alle ein bis zwei Tage eine Eizelle gebildet. Diese ist zunächst so klein**, dass man sie mit den bloßen Augen kaum sehen kann, sondern dafür ein Mikroskop benötigt. **In der Folgezeit werden zahlreiche Nährstoffe in die Eizelle eingelagert.** Dadurch **wächst sie** allmählich **zu einer riesigen Dotterkugel** heran. Diese **wandert vom Eierstock in den Eileiter. In dessen ersten Abschnitt bildet sich eine ganz dünne Haut um die Dotterkugel**. Damit ist der Dotter, so wie wir ihn von unseren Frühstückseiern kennen, fertig gestellt. **Im nächsten Abschnitt des Eierleiters erfolgt die Bildung des Eiklars, das sich um den Dotter lagert. Vom Eileiter gelangt das noch immer unfertige Ei in die Kalkkammer.** Bei der **Kalkkammer** handelt es sich ebenfalls um **ein Organ, in dem innerhalb von 17 Stunden die Eierschale gebildet wird.** Diese besteht hauptsächlich aus Kalziumkarbonat, das man umgangssprachlich als Kalk bezeichnet. **Zum Schluss wird die äußere Eierschale mit einem dünnen Häutchen umzogen, das man mit den bloßen Augen nicht wahrnehmen kann. Dieses Häutchen nennt man Kutikula.** Es dient vor allem dazu, das Ei möglichst lange Zeit vor dem Austrocknen zu schützen.

Das fertige Ei gelangt durch die Kloake ins Freie. Bei der Kloake handelt es sich um eine Öffnung am hinteren Körper des Huhns, die gleichzeitig zum Ausscheiden von Kot und Harn dient.“

Lernwerkstatt Das Ei
Ein Meisterwerk der Natur unter der Lupe – Bestell-Nr. 12 828

1 So entsteht ein Hühnerei

„Das war echt interessant", sagt Finja. Auch Arthur nickt zustimmend: „Ich hätte nicht gedacht, dass die Entstehung eines Eies solange dauert und einen so komplizierten Prozess darstellt".

Der Vater ergänzt: „Auch wenn es noch immer viele Menschen so bezeichnen, **ist es nicht ganz korrekt, beim Eiklar vom Eiweiß zu sprechen**. Stattdessen sind **Eiweiße chemische Verbindungen, aus denen die Körper aller Tiere und Pflanzen zu einem Großteil aufgebaut sind**".

<u>Aufgabe 1</u>: *Du hast bereits aus der Erzählung von dem Tierarzt, Herrn Schmidt, erfahren, wie ein Hühnerei entsteht. Vervollständige nun den folgenden Text.*

„Die Hühner besitzen in ihrem Körper ein Organ, das man als ____________ bezeichnet. In ihm wird aller ein bis ____________ Tage eine Eizelle gebildet. Diese ist zunächst so klein, dass man sie kaum mit den bloßen Augen sehen kann, sondern dafür ein ____________ benötigt. In der Folgezeit werden zahlreiche Nährstoffe in die Eizelle eingelagert. Dadurch wächst sie allmählich zu einer riesigen ____________heran. Diese wandert vom Eierstock in den ____________. In dessen ersten Abschnitt bildet sich eine ganz dünne Haut um die Dotterkugel. Damit ist der Dotter, so wie wir ihn von unseren Frühstückseiern kennen, fertig gestellt. In nächsten Abschnitt des Eierleiters erfolgt die Bildung des ____________, das sich um den Dotter lagert. Vom Eileiter gelangt das noch immer unfertige Ei in die Kalkkammer. Bei der Kalkkammer handelt es sich ebenfalls um ein Organ, in dem innerhalb von 17 Stunden die ____________ gebildet wird. Diese besteht hauptsächlich aus Kalziumkarbonat, das man umgangssprachlich als ____________ bezeichnet. Zum Schluss wird die äußere Schale mit einem dünnen ____________ umzogen, das man mit den bloßen Augen nicht wahrnehmen kann. Dieses Häutchen nennt man Kutikula. Es dient vor allem dazu, das Ei möglichst lange Zeit vor dem ____________ zu schützen. Das fertige Ei gelangt durch die Kloake ins Freie. Bei der Kloake handelt es sich um eine Öffnung am hinteren Körper des Huhns, die außerdem zum Ausscheiden von ____________ und ____________ dient."

Der Vater ergänzt: „Auch wenn es noch immer viele Menschen so bezeichnen, ist es nicht ganz korrekt, beim Eiklar vom ____________ zu sprechen. Stattdessen sind Eiweiße chemische Verbindungen, aus denen die Körper aller ____________, und ____________ zu einem Großteil aufgebaut sind.

Lernwerkstatt Das Ei
Ein Meisterwerk der Natur unter der Lupe – Bestell-Nr. 12 828
KOHL VERLAG

2 Weitere Bestandteile des Eies

Aufgabe 1: *Du hast bereits diese Bestandteile des Hühnereies kennengelernt:*

Eidotter, Eiklar, Eierschale sowie das Häutchen, das die Eierschale umgibt und als Kutikula bezeichnet wird. Notiere nun in der Abbildung 1 zunächst diese vier Bestandteile an den jeweiligen Pfeilen.

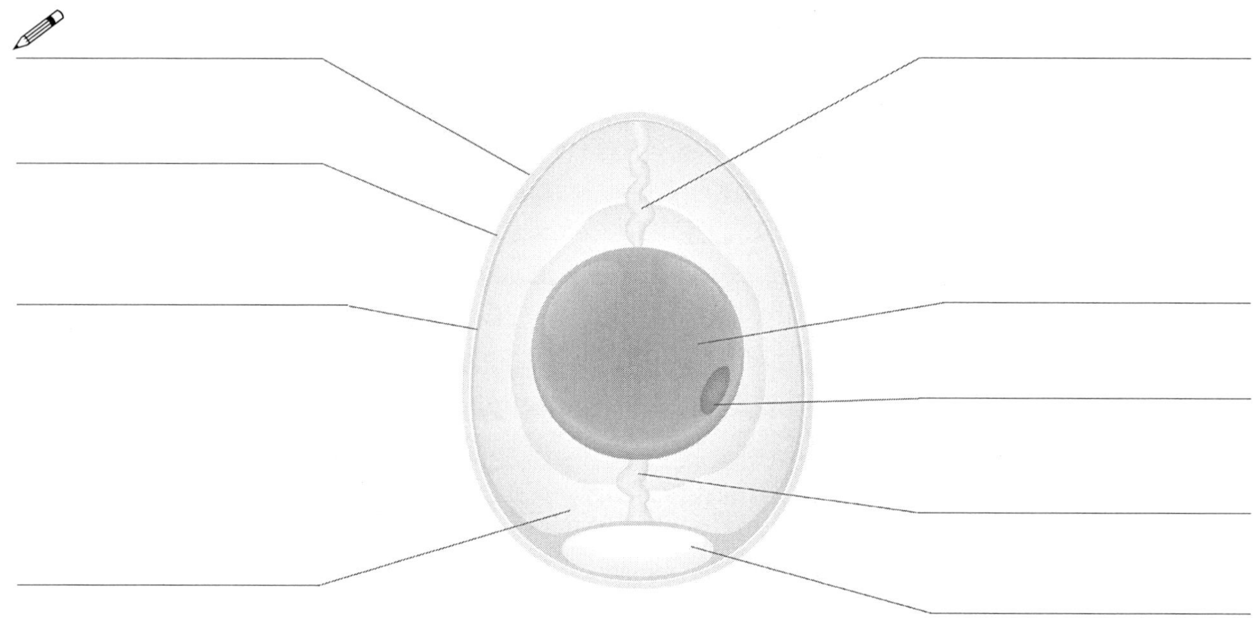

An die innere Eierschale schmiegt sich die **Eihaut**. Sie stellt eine Grenze zwischen dem Eiklar und der Schale dar.

Auf dem Eidotter befindet sich ein kleiner, fleckähnlicher Bereich. Dieser wird als **Keimscheibe** bezeichnet. Wenn ein Hühnerei befruchtet wird, beginnt sich aus der Keimscheibe ein Küken zu entwickeln.

Damit der Dotter im Eiklar nicht ziellos herumschwimmt, wird er oben und unten von jeweils einer **Hagelschnur** festgehalten. Außerdem befindet sich im stumpfen Ende des Eies eine **Luftkammer**. Sie dient als Luftreserve, wenn sich ein Küken im Ei entwickelt. Vervollständige nun die Beschriftung an dem Ei, indem du an den entsprechenden Pfeilen die Bestandteile **Eihaut**, **Keimscheibe**, **Hagelschnur** und **Luftkammer** notierst.

Lernwerkstatt Das Ei
Ein Meisterwerk der Natur unter der Lupe – Bestell-Nr. 12 828
KOHL VERLAG

3 Wieso sind manche Dotter kräftiger gefärbt?

Vielleicht ist dir schon einmal aufgefallen, dass **die Dotter in manchen Eiern blasser und in anderen kräftiger gefärbt** sind.

Die Ursache dafür liegt in der **Zusammensetzung des Futters**, das die Hühner über einen längeren Zeitraum erhalten. Falls darin **bestimmte natürliche Farbstoffe vorhanden sind, werden die Dotter kräftig gelb bis gelborange**.

In besonders großen Mengen kommen diese Farbstoffe in Möhren und frischer Luzerne vor. Bei der Luzerne handelt es sich um eine kleeähnliche Pflanze. Klein gehackt, wird sie von den Hühnern fast genauso gern gefressen wie fein geschnitzelte Möhren.

Die Farbe des Dotters hat jedoch keinen Einfluss auf den Geschmack der Eier. Stattdessen schmecken blassere Dotter genauso gut wie kräftiger gefärbte.

Hierzu kann man einen Test durchführen. Für diesen Test werden fünf Eier gekocht, in deren Dotter reichlich Farbstoffe enthalten sind, und fünf weitere Eier, deren Dotter weniger Farbstoffe aufweisen. Anschließend werden die Dotter aus den Eiern herausgelöst. Im nächsten Abschnitt des Tests werden fünf Personen die Augen verbunden, ohne dass diese zuvor die Dotter sehen konnten. Jede Person erhält zunächst einen helleren und dann einen dunkleren Dotter zum Kosten. Nach dem Kosten müssen die Personen sagen, ob sie einen Unterschied beim Geschmack feststellen konnten.

KOHL VERLAG Lernwerkstatt Das Ei
Ein Meisterwerk der Natur unter der Lupe – Bestell-Nr. 12 828

4 Die Ohrscheibe verrät die Farbe der Eierschale

Sicherlich hast du schon einmal bemerkt, dass **die Schalen der Eier eine unterschiedliche Färbung haben können**. So gibt es neben **Eiern mit rein weißer Schale auch solche, die eine gelbliche, zart grünliche bis zart türkise, beige oder mittelbraune Färbung** besitzen.

Eier mit unterschiedlich gefärbter Schale.

Bei einigen Hühnerrassen, wie etwa den Marans, hat die Eierschale sogar eine kräftig schokoladenbraune Farbe. **Allerdings beeinflusst die Schalenfarbe weder die Zusammensetzung der Inhaltstoffe noch den Geschmack des Eies**. Trotzdem haben manche Menschen eine Vorliebe für braunschalige Eier, während andere die rein weiß gefärbten lieber mögen.

Um **die Farbe der Eierschale mit hoher Wahrscheinlichkeit voraussagen zu können**, genügt es, den **Kopf der Hühner und Hähne** zu betrachten. Auf dem Kopf befindet sich ein Kamm und beidseits des Schnabels hängen sogenannte Kehl- oder Kinnlappen herab. Dabei handelt es sich um fleischige Hautanhängsel. Je nach Hühnerrasse unterscheiden sich diese Hautanhängsel in ihrer Form und Größe. Unterschiede sind bei den jeweiligen Rassen auch bei der sogenannten **Ohrscheibe** vorhanden. Diese wird auch als Ohrlappen bezeichnet.

Rasse mit weißer Ohrscheibe.

Sie **befindet sich etwas nach unten versetzt hinter dem Auge und hat eine rote, bläuliche oder weiße Färbung**. Hühnerrassen, die eine **weiße Ohrscheibe besitzen, legen zumeist Eier mit helleren Schalen**. Dagegen weisen die Eier von Rassen, die eine **blaue oder rote Ohrscheibe haben, zumeist eine dunklere Schale** auf. **Rassen, die zart grüne oder zart türkisfarbige Eier legen**, haben ebenfalls **rote Ohrscheiben**. Diese Rassen werden auch als Grünleger bezeichnet.

Lernwerkstatt Das Ei
Ein Meisterwerk der Natur unter der Lupe – Bestell-Nr. 12 828
KOHL VERLAG

5 Nur 15 – 25 Eier pro Jahr

Kennst du folgenden Reim?

> Das Huhn legt jeden Tag ein Ei
> und sonntags auch mal zwei.

Dieser Reim hört sich zwar recht nett an, sein Inhalt stimmt jedoch nicht. Wie du bereits aus dem Kapitel *„So entsteht ein Hühnerei"* weißt, können Hühner höchstens ein Ei pro Tag produzieren. Ungeachtet dessen gibt es jedoch keine Hühnerrasse, die tatsächlich jeden Tag ein Ei legt. **Bei besonders leistungsfähigen Rassen beträgt die Zahl der pro Jahr gelegten Eier knapp 300.** Ein Jahr hat aber 365 Tage. Also setzen auch diese hochleistungsfähigen Hühner an manchen Tagen mit dem Legen aus.

Die meisten Hühnerrassen legen jedoch weniger als 300 Eier pro Jahr. Oftmals sind es bei ihnen nur 130-180 Stück. Im Vergleich zur Legeleistung des **Bankiva-Huhns**, das pro Jahr nur 15-25 Eier produziert, ist das trotzdem eine sehr beachtliche Menge. Das Bankiva-Huhn ist ein Wildhuhn und zugleich die Stammform aller Haushühner. Es besiedelt Wälder in einem Gebiet, das sich ursprünglich von Südchina über Indien bis nach Indonesien und auf die Philippinen erstreckte.

Die bis 1300 g schweren Bankiva-Hähne besitzen ein prächtiges Gefieder mit goldfarbigen Halsfedern und bunte, sichelartig gebogene Schwanzfedern. Im Unterschied dazu haben die 750 g schweren Bankiva-Hennen ein schlichtes mittelbraunes Gefieder. Außerdem sind ihre Hals- und Schwanzfedern deutlich kürzer als bei den Hähnen.

Bankiva-Hahn mit Henne

Bei den Bankiva-Hühnern handelt es sich um tagaktive Vögel. Sie leben in Scharen zusammen, die aus 15-40 Tieren bestehen. In diesen Scharen überwiegt der Hennen-Anteil. Die Nahrung der Bankiva-Hühner, welche vorwiegend vom Waldboden aufgenommen wird, setzt sich hauptsächlich aus Sämereien, Würmern, Insekten und Spinnen zusammen.

KOHL VERLAG Lernwerkstatt Das Ei
Ein Meisterwerk der Natur unter der Lupe – Bestell-Nr. 12 828

5 Nur 15 – 25 Eier pro Jahr

Die Hennen bauen Nester, welche sich gut versteckt am Boden oder in niedrigen Bambusbeständen befinden. Aus den darin abgelegten Eiern schlüpfen nach zweieinhalb bis drei Wochen die Küken. Diese besitzen bereits beim Schlupf ein sehr weiches Daunengefieder und folgen der Mutter schon nach wenigen Minuten überall hin. Ab ihrem 7.-8. Lebenstag sind die Bankiva-Küken in der Lage, einige Meter zu fliegen.

Vor 4000-5000 Jahren begannen die Menschen, Bankiva-Hühner zu zähmen. Aus den **Nachkommen der Bankiva-Hühner** züchteten die Menschen die ersten **Haushuhn-Rassen**. Heute existieren neben einer umfangreichen Anzahl an normalgroßen Rassen auch zahlreiche Zwerghuhn-Rassen.

Zwerghühner

Diese sind nicht nur kleiner, sondern legen zumeist auch nicht so viele Eier wie die normalgroßen Rassen. Außerdem sind **die Eier der Zwerghuhn-Rassen kleiner und wiegen pro Stück nur 30-40 g**. Im Unterschied dazu hat jedes Ei von den **normal großen Rassen ein Gewicht von 50-65 g**.

Links ein Ei einer Zwerghuhn-Rasse; rechts von einer normalgroßen Rasse.

5 Nur 15 – 25 Eier pro Jahr

Das mengenmäßige Verhältnis von Schale, Dotter und Eiklar beträgt etwa 1 : 3 : 6.

Wir wollen nun einmal gemeinsam berechnen, wie groß die Anteile in Gramm (g) von Schale, Dotter und Eiklar in einem 50 g schweren Ei sind.

Zu diesem Zweck müssen wir zuerst die Zahlen der mengenmäßigen Anteile von Schale, Dotter und Eiklar addieren. Also 1 + 3 + 6 = 10.

Im nächsten Schritt dividieren wir das Gewicht des 50 g schweren Eies durch 10, also 50 g : 10 = 5 g.

Mit diesen ermittelten 5 g multiplizieren wir die jeweiligen Zahlen, die für das mengenmäßige Verhältnis von Schale, Dotter und Eiklar angegeben sind.

Schale: 1 • 5 g = 5 g; Dotter: 3 • 5 g = 15 g; Eiklar: 6 • 5 g = 30 g

Nun führen wir die Probe durch, um uns zu vergewissern, ob die errechneten mengenmäßigen Bestandteile von Schale, Dotter und Eiklar tatsächlich ein 50 g schweres Ei ergeben. Zu diesem Zweck addieren wir die Ergebnisse, die für die einzelnen Bestandteile errechnet wurden, also 5 g + 15 g + 30 g = 50 g. Es stimmt, wir haben somit richtig gerechnet.

Aufgabe 1: *Berechne nun, wie groß die Anteile von Schale, Dotter und Eiklar in etwa in einem 40 g und in einem 60 g schweren Ei sind.*

Auf dem linken Foto siehst du Hühner der Rasse Federfüßige Zwerge und auf dem rechten Foto Rhodeländer.

Federfüßige Zwerge

Rhodeländer

Aufgabe 2: *Welche Rasse gehört zu den normalgroßen Rassen und welche zu den Zwerghühnern? Scheibe deine Antwort auf.*

Normalgroße Rasse: ______________________________

____

Zwerghuhn-Rasse: ______________________________

____

Lernwerkstatt Das Ei
Ein Meisterwerk der Natur unter der Lupe – Bestell-Nr. 12 828
KOHL VERLAG

6 Bis zum Schlüpfen dauert es 21 Tage

Insofern man sie nicht zuvor schlachtet, erreichen Hühner zumeist ein Alter von 5-10 Jahren. Allerdings bleibt die Zahl der pro Jahr gelegten Eier nicht während des gesamten Lebens weitgehend gleich. Stattdessen ist die **Legeleistung während der beiden ersten Lebensjahre am höchsten**. Im dritten Lebensjahr beginnt sie bereits merklich abzufallen und verringert sich in den folgenden Jahren immer weiter.

Im Frühjahr kommen die Hühner besonders häufig in Paarungsstimmung. Diese erkennt man bei den Hühnern daran, dass

- sie länger als sonst auf den Legenestern sitzen bleiben,
- ihre Bauchbereiche allmählich federlos werden,
- häufig glucksende Laute abgegeben werden und
- andere Hühner (und manchmal sogar Menschen) häufiger als sonst angegriffen werden.

Nachdem sich der Hahn mit der Henne gepaart hat, erfolgt die Befruchtung der Eizellen. Sie ist die **wichtigste Voraussetzung, dass sich die Küken in den Eiern zu entwickeln beginnen.** Außerdem müssen **die befruchteten Eier** ständig **warmgehalten werden.**

Brütendes Huhn

Das geschieht, indem sich die Henne auf das Nest setzt, in welchem sich die Eier befinden, und diese mit Hilfe ihrer Körperwärme ausbrütet. Eine solche brütende Henne nennt man Glucke.

Merke:

Sowohl bei Hühnern als auch bei allen anderen Vögeln werden die frisch aus den Eiern geschlüpften Jungen als Küken bezeichnet.

Lernwerkstatt Das Ei
Ein Meisterwerk der Natur unter der Lupe – Bestell-Nr. 12 828

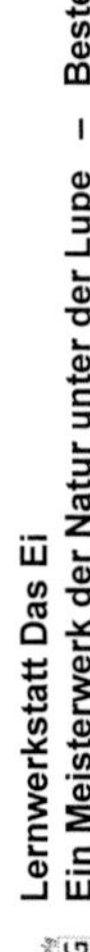

6 Bis zum Schlüpfen dauert es 21 Tage

Das Brüten dauert bei Hühnern 21 Tage. Die Henne hält sich während dieser Zeit fast ausschließlich auf dem Nest auf. Lediglich zur Nahrungs- sowie Wasseraufnahme verlässt sie es für ein paar Minuten. Danach hockt sich die Henne sofort wieder auf die Eier, um diese weiter zu wärmen. **Während des Brütens drehen die Glucken des Öfteren die Eier um.** Das ist zum einen notwendig, damit die Eier von allen Seiten gleichmäßig warmgehalten werden. Zum anderen verhindert die Glucke damit, dass die sich entwickelnden Küken an der inneren Eierschale festkleben. Ein solches Festkleben würde zum baldigen Tod der sich im Ei entwickelnden Küken führen.

Ab dem 19. Bruttag beginnen die Küken in den Eiern leise zu piepen. Dieses **Piepen dient dazu**, sowohl mit der Mutter als auch den Geschwistern, die sich in den anderen Eiern befinden, **Kontakt aufzunehmen**.

Schlüpfende Hühnerküken

Am 21. Bruttag schlüpfen die Küken aus den Eiern. Sie **brechen** dabei die **Eierschale von innen auf. Die Natur hat sie** dafür mit einem **kleinen Höcker ausgestattet**, der sich auf dem Schnabel befindet. Er besteht aus Horn und wird als **Eizahn bezeichnet**. Weil der Eizahn nach dem Schlupf nicht mehr benötigt wird, fällt er alsbald ab. Beim Schlüpfen müssen sich die Küken mächtig anstrengen und sind danach erst einmal kurzzeitig erschöpft. Ihr Gefieder ist direkt nach dem Schlupf noch feucht und recht unansehnlich. Aber es trocknet recht schnell und anschließend sehen die Küken sehr flauschig aus.

Die Brutdauer ist nicht bei allen Vogelarten gleich. In der folgenden Tabelle sind einige Beispiele für unterschiedliche Brutdauern enthalten.

Vogelart	Brutdauer in Tagen
Amsel	13
Kohlmeise	14
Haushuhn	21
Hausgans	28
Waldkauz	28-29
Weißstorch	32-33
Steinadler	45

Brütende Amsel

Lernwerkstatt Das Ei
Ein Meisterwerk der Natur unter der Lupe – Bestell-Nr. 12 828
KOHL VERLAG

7 Schnurstraks hinter der Mutter her

Hühnerküken sind sogenannte Nestflüchter. Sie schlüpfen voll entwickelt aus den Eiern, verlassen das Nest bereits kurze Zeit nach dem Schlupf und folgen der Glucke.

Im Gegensatz dazu, kommen jene Tiere, die man als **Nesthocker** bezeichnet, **unvollkommen entwickelt zur Welt**. Sie sind bei der Geburt oder dem Schlupf aus dem Ei zumeist nackt und oft auch blind und taub.

Im Unterschied zu jenen Vögeln, die zu den Nesthöckern gehören, werden die **Hühnerküken** als Nestflüchter **auch nicht von der Glucke gefüttert**.

Glucke mit Küken

Haustaube, ihre Küken sind Nesthocker.

Mit Ausnahme von **Taubenküken, die Nesthocker sind**, handelt es sich bei den Jungen aller anderen Hausgeflügel-Arten um Nestflüchter.

Zu dem am häufigsten gehaltenen Hausgeflügel gehören neben den Hühnern und Tauben noch die Enten, Flugenten und Gänse. Bei frisch aus den Eiern geschlüpften Küken von Singvögeln, Greifvögeln und Eulen handelt es sich ebenfalls um Nesthocker. Nesthockerküken bleiben am Anfang ihres Lebens 2 bis 4 Wochen im Nest sitzen und werden während dieser Zeit von den Eltern gefüttert.

Lernwerkstatt Das Ei
Ein Meisterwerk der Natur unter der Lupe – Bestell-Nr. 12 828

7 Schnurstraks hinter der Mutter her

Aufgabe 1: *Ordnet diese Vögel in die folgende Tabelle.*

Tipp: Überlegt dabei, ob manche Vögel sehr eng mit Hausgeflügel-Arten verwandt und deshalb in die gleiche Tabellenspalte einzuordnen sind. Ihr könnt auch das Internet zur Recherche nutzen.

Amsel – Blaumeise – Buchfink – Feldsperling – Habicht – Hausente – Hausgans – Haushuhn – Haustaube – Kanadagans – Mandarinente – Mäusebussard – Mehlschwalbe – Perlhuhn – Saatkrähe – Schleiereule – Steinadler – Steinkauz – Türkentaube – Uhu

Hausenten

Flugente

Hausgänse

weiblicher Haussperling

Buchfinken-Männchen

Nestflüchter	Nesthocker

Lernwerkstatt Das Ei
Ein Meisterwerk der Natur unter der Lupe – Bestell-Nr. 12 828
Lernen mit Erfolg KOHL VERLAG

8 Nicht nur Vögel legen Eier

Du weißt bereits, dass **Vögel Eier legen. Aber sie sind nicht die einzigen Tiere, die sich auf diese Weise vermehren**. Auch **in allen** anderem **Wirbeltierklassen gibt es** mehr oder weniger viele **eierlegende Arten**.

Unter **Wirbeltieren versteht man alle Tiere, die eine Wirbelsäule besitzen**. Diese ist sowohl bei Vögeln, Fischen, Lurchen (Beispiele sind Frösche, Kröten und Salamander), Kriechtieren (Beispiele sind Schlangen, Schildkröten und Eidechsen) und Säugetieren, zu denen auch die Menschen gehören, vorhanden.

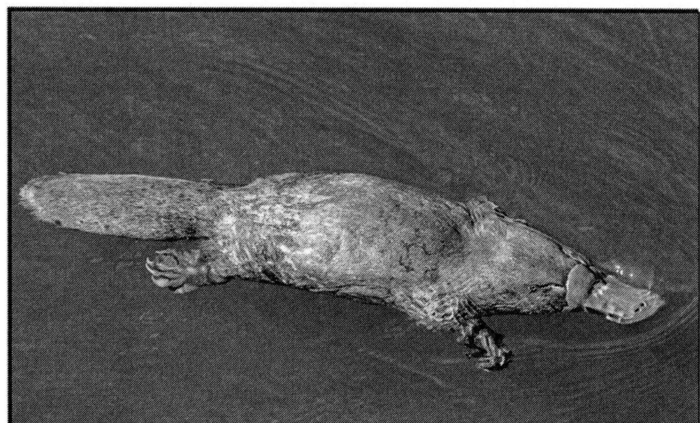

Schnabeltier

Während der **größte Teil der Fische, Lurche und Kriechtiere Eier legt, gibt es nur fünf Arten von eierlegenden Säugetieren**. Bei diesen handelt es sich um das Schnabeltier und vier Schnabeligel-Arten, die auch als Ameisenigel bezeichnet werden. Alle diese eierlegenden Säugetiere kommen nur in dem Erdteil Australien vor.

Interessanterweise gibt es bei den Vögeln nicht eine Art, die lebende Junge zu Welt bringt. Stattdessen legen alle ohne Ausnahme Eier.

Alle Vögel legen ausnahmslos Eier, darunter auch diese Pelikane.

Die in Deutschland einheimischen Fischarten, wie Hecht, Schleie und Rotfeder, **legen ausnahmslos Eier. Das trifft auch auf die meisten Meeresfische und tropischen Fischarten** zu. Eine **Ausnahme** unter den tropischen Fischarten stellen die sogenannten **Lebendgebärenden Zahnkarpfen** dar. Zu ihnen gehören beispielsweise die gern in Aquarien gepflegten Guppys und Schwertträger.

Schwertträger

Guppy

Lernwerkstatt Das Ei
Ein Meisterwerk der Natur unter der Lupe – Bestell-Nr. 12 828
Lernen mit Erfolg KOHL VERLAG

8 Nicht nur Vögel legen Eier

Aufgabe 1: *Die Bachforelle und der Dreistachelige Stichling sind zwei in Deutschland einheimische Fischarten. Überlege jetzt, ob beide Arten Eier legen oder lebende Junge zur Welt bringen. Welche ist die richtige Antwort? Begründe diese kurz.*

a) Die Bachforelle und der Dreistachelige Stichling bringen lebende Junge zur Welt.

b) Die Bachforelle und der Dreistachelige Stichling legen Eier.

c) Die Bachforelle legt Eier und der Dreistachelige Stichling bringt lebende Junge zur Welt.

d) Der Dreistachelige Stichling legt Eier und die Bachforelle bringt lebende Junge zur Welt.

Dreistacheliger Stichling

Die befruchteten Eier von Fischen bezeichnet man als Laich. Im Unterschied zu den Eiern der Vögel besitzt **Laich keine harte Eierschale**. Stattdessen wird er von einer geleeähnlichen Haut umschlossen.

In ähnlicher Weise sind auch die **Eier der Lurche** aufgebaut. Vielleicht hast du im zeitigen Frühjahr in einem Gewässer schon einmal große gallertige Klumpen gesehen, die an der Oberfläche schwammen. In diesen Klumpen befanden sich zahlreiche kleine schwärzliche Kügelchen. Dabei handelt es sich um den Laich von Fröschen.

Frösche gehören zu den Lurchen und legen ihren Laich klumpenartig ab.

Lernwerkstatt Das Ei
Ein Meisterwerk der Natur unter der Lupe – Bestell-Nr. 12 828

8 Nicht nur Vögel legen Eier

Im Unterschied dazu legen Kröten ihren Laich in gallertartigen Schnüren ab. Diese sehen fast wie durchsichtige Bänder aus, in denen sich ebenfalls schwärzlicher, kugelförmiger Laich befindet.

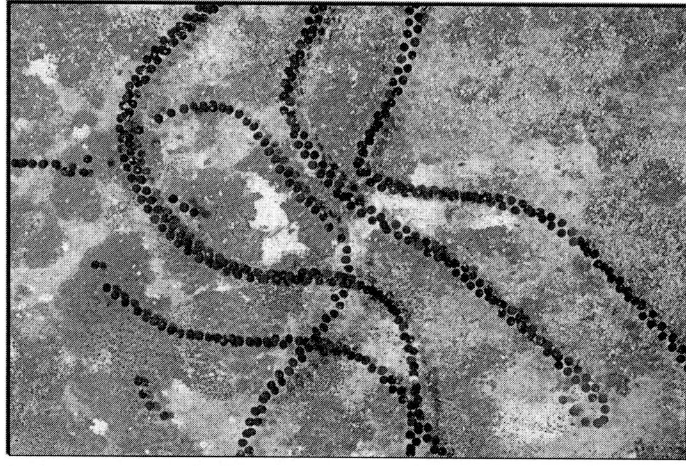

Laichschnüre von Kröten

Bei den Kriechtieren legen nur die Krokodile und zahlreiche Schildkröten-Arten hartschalige Eier. Die Eier der meisten anderen Kriechtiere haben eine deutlich weichere Schale.

Krokodile und …

… viele Schildkröten legen hartschalige Eier.

8 Nicht nur Vögel legen Eier

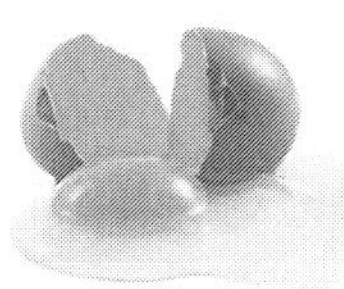

Diese ist zumeist ein wenig elastisch und fühlt sich entweder fast wie Leder oder Pergamentpapier an.

Wie du nun weißt, legen die meisten Lurche und Kriechtiere Eier. Allerdings gibt es unter ihnen auch einige wenige Arten, die lebende Junge zur Welt bringen. Zu diesen **lebendgebärenden Lurchen gehören** beispielsweise der **Alpensalamander und eine Froschart, die auf der indonesischen Insel Sulawesi** heimisch ist.

Kreuzotter

Zu den wenigen **lebendgebärenden Kriechtieren gehört die Kreuzotter**. Diese Schlange ist auch in Deutschland heimisch. **Die Jungtiere entwickeln sich komplett im Körper der Mutter, in welchem sie noch von einer sehr dünnen Eihülle umgeben sind.** Diese Hülle reißt während des Geburtsvorgangs auf. **Auf annähernd gleiche Weise verläuft die Entwicklung bei Blindschleichen**, die ebenfalls in Deutschland leben. **Blindschleichen haben einen schlangenähnlichen Körperbau. Sie gehören aber nicht zu den Schlangen, sondern zur Tierfamilie der Schleichen.**

Blindschleiche

Lernwerkstatt Das Ei
Ein Meisterwerk der Natur unter der Lupe – Bestell-Nr. 12 828
KOHL VERLAG

8 Nicht nur Vögel legen Eier

Dagegen legt eine weitere einheimische Schlangenart, die Ringelnatter, Eier. Auch die flinke Zauneidechse sowie die äußerst seltene Europäische Sumpfschildkröte gehören zu den Kriechtieren, die Eier leben.

Aufgabe 1: *Löse das folgende Kreuzworträtsel.*

1. Ein Fisch, der zu den Lebendgebärenden Zahnkarpfen gehört.
2. Eine auch in Deutschland vorkommende Schlange, die lebende Junge zur Welt bringt.
3. Ein Lurch, der lebende Junge zur Welt bringt.
4. Bei dieser Wirbeltierklasse gibt es keine Ausnahme, sondern alle Arten legen Eier.
5. Säugetiere, die Eier legen.
6. Einheimischer Fisch, der Eier legt.
7. Einheimisches Kriechtier mit schlangenähnlichem Körper, das lebende Junge zur Welt bringt. Dieses Kriechtier gehört nicht zu den Schlangen.
8. Darin ist der schwarze kugelförmige Laich von Fröschen eingebettet?
9. Diese Lurche legen ihren Laich in Schnüren ab.
10. Flinkes einheimisches Kriechtier, das Eier legt.
11. Bezeichnung für die befruchteten Eier von Fischen und Lurchen.

Lernwerkstatt Das Ei
Ein Meisterwerk der Natur unter der Lupe – Bestell-Nr. 12 828
KOHL VERLAG

9 Eierdiebe in der Natur

Aufgrund ihrer zahlreichen gesunden Inhaltstoffe stellen Eier ein sehr hochwertiges Nahrungsmittel für Menschen dar. Sie werden aber nicht nur im gebratenen und gekochten Zustand verzehrt, sondern sind auch in vielen Lebensmitteln enthalten. Beispielsweise werden sie zur Herstellung verschiedener Gebäckarten und Teigwaren, wie etwa von Rührkuchen und Spaghetti ebenso verwendet, wie zum Panieren von Schnitzeln und Koteletts. Genauso sind sie zumeist Bestandteile von Frikadellen.

Aber nicht nur bei Menschen sind Eier als Nahrungsmittel sehr beliebt. Auch zahlreiche **Tierarten fressen äußerst gern Eier, die sowohl von Vögeln, Kriechtieren, Lurchen sowie von Fischen stammen können. Zu den Eierdieben gehören ausschließlich Tiere, die man als Fleisch- oder Allesfresser** bezeichnet. Ein Beispiel für einen Fleischfresser ist der Fuchs, während das Wildschwein zur Gruppe der sogenannten Allesfresser gehört. Unter den Eierdieben befinden sich auch einige Vogelarten, die die Nester anderer Vögel plündern, sobald sich eine Gelegenheit dazu ergibt.

Zwei Eierdiebe, das Wildschwein ...

... und der Igel

__Aufgabe 1__: *Nachfolgend sind einige Tiere aufgelistet. Streiche die Pflanzenfresser heraus. Zurück bleiben jene Tiere, die gern Nester plündern. Dabei werden oftmals nicht nur die Eier, sondern auch Vogelküken gefressen, die noch zu schwach zur Flucht sind.*

Reh – Waschbär – Steinmarder – Iltis – Eichelhäher – Wildschwein – Silbermöwe – Rothirsch – Steinbock – Fuchs – Marderhund – Kolkrabe – Iltis – Mauswiesel – Gämse – Igel – Eichhörnchen – Ratte – Damhirsch – Dachs

Gämse

Lernwerkstatt Das Ei
Ein Meisterwerk der Natur unter der Lupe – Bestell-Nr. 12 828
KOHL VERLAG

10 Das schafft nicht mal der Stärkste

Jetzt wollen wir ein paar Experimente mit Hühnereiern durchführen. Dafür gibst du einem kräftigen Jungen ein rohes Hühnerei, welches in der Schale weder Risse noch sonstige Beschädigungen aufweist. Fordere den Jungen anschließend auf, das Ei an beiden Enden zwischen Daumen und Zeigefinger zu nehmen und es mit aller Kraft zu zerdrücken. Du wirst beobachten, dass das nicht gelingt. Nicht einmal der stärkste Mann der Welt ist in der Lage, ein solches rohe Hühnerei zwischen Daumen und Zeigefinger zu zerdrücken. Stattdessen wurde die nur knapp einen halben Millimeter dicke Eierschale von der Natur so konstruiert, dass sie einem enormen Druck standhält. Voraussetzung ist allerdings, dass der Druck gleichmäßig und nicht als Schlag einwirkt.

Das rohe Ei hält dem Druck zwischen Daumen und Zeigefinger Stand

Nun wirst du sicherlich die Frage stellen, wodurch die Eierschale diese große Stabilität erhält. Zunächst einmal besteht **die Eierschale zum größten Teil aus Kalziumkarbonat, welches man umgangssprachlich als Kalk bezeichnet. Beim Kalk handelt es sich um ein sehr festes Mineral, welches bereits zu einer nicht unerheblichen Stabilität der Schale beiträgt**. Aber das ist nicht der einzige Grund. Betrachtet man die **Schale** unter einem sehr stark vergrößernden Mikroskop, stellt man fest, dass sie sich **aus zahlreichen kleinen Säulen aufbaut**. Diese auch als Kristalle bezeichneten Säulen sind **sehr eng nebeneinander angeordnet**.

Zum besseren Verständnis kann man die Funktionsweise dieser kleinen Säulen mit einem Experiment nachvollziehen. Dazu benötigst du 16 Streichhölzer und 20 cm Nähseide. Zunächst nimmst du ein Streichholz an seinen beiden Enden zwischen Daumen und Zeigefinger und drückst kräftig. Das Streichholz wird durch den entstehenden Druck zerbrechen. Anschließend umwickelst du die restlichen 15 Streichhölzer mit Hilfe der Nähseide so straff, dass ein sehr festes Bündel entsteht. Dieses nimmst du ebenfalls wieder an den beiden Enden zwischen Daumen und Zeigefinger und versuchst es zu zerdrücken. Das gelingt nicht, weil der sehr eng aneinander liegende Verbund der Streichhölzer - ähnlich wie die kleinen Säulen in der Eierschale - einem enormen Druck standhält. Dieser ist um ein Vielfaches höher als jener Druck, dem das einzelne Streichholz aushalten konnte.

10 Das schafft nicht mal der Stärkste

Letztendlich trägt auch die Form der Eierschale sehr zur Stabilität des Eies bei. Deren gebogene Form ermöglicht es, dass der Druck, den Daumen und Zeigefinger auf die beiden Enden des Eies ausüben, über die ganze Ei-Schale verteilt wird. Hätte das Ei stattdessen eine ähnliche Form wie das einzelne Streichholz, würde sich der Druck auf einen sehr kleinen Bereich konzentrieren. In diesem Fall würde sich das Ei biegen und schnell zerbrechen.

Du kannst noch ein zweites Experiment mit dem rohen Hühnerei durchführen. Dieses Experiment wird dir ebenfalls die große Stabilität der Eierschale zeigen. Umschließe dazu ein unbeschädigtes Ei mit der gesamten Hand und versuche es zu zerdrücken. Auch das ist nicht möglich, die Ursachen dafür kennst du bereits.

Mit den Erkenntnissen aus beiden Experimenten kannst du sicherlich nachvollziehen, warum die Eier nicht zerbrechen, wenn eine Glucke 21 Tage lang darauf sitzt, um sie auszubrüten.

Auch wenn ein rohes Ei mit der ganzen Hand umschlossen und gedrückt wird, geht es nicht kaputt.

KOHL VERLAG Lernwerkstatt Das Ei
Ein Meisterwerk der Natur unter der Lupe – Bestell-Nr. 12 828

11 Frisch oder alt?

Zumeist befinden sich die Nester, in denen die Hühner ihre Eier legen, im Stall. Daraus werden sie von den Hühnerhaltern normalerweise mindestens einmal pro Tag abgelesen. Manchmal passiert es aber, dass Hühner im Freiland Nester bauen, die sich beispielsweise zwischen dichten Sträuchern oder im hohen Gras befinden. Oftmals entdecken die Hühnerhalter solche Nester erst nach mehreren Tagen oder gar Wochen. Dann stellt sich für sie die Frage, ob die darin befindlichen Eier noch einigermaßen frisch oder bereits so alt sind, dass man sie nicht mehr genießen kann.

Den etwaigen Frischegrad von Eiern kannst du mit Hilfe eines kleinen Experimentes ermitteln. Hierfür musst du zunächst ein rohes Ei etwa 20 Tage in einen warmen Raum legen. Anschließend gibst du dieses Ei zusammen mit einem frisch gekauften (das normalerweise höchstens 3-4 Tage alt ist) in einen mit kaltem Wasser gefüllten Glasbehälter.

Das Ei mit der helleren Schale ist älter. Es steht senkrecht im Wasser.

<u>Aufgabe 1</u>: *Schreibe kurz auf, was du dabei beobachtet hast.*

<u>Aufgabe 2</u>: *Überlege, was im Ei passiert sein muss, damit es sich im Wasser anhebt oder sogar darin schwebt. Tipp: Die Ursache dafür ist in etwa die gleiche, wie bei einem Ball, den du unter Wasser drückst und der sofort zu Oberfläche zurückkehrt.*

Man kann den Frischegrad eines rohen Eies auch feststellen, indem dieses leicht geschüttelt wird. Hört man dabei nichts, ist das Ei frisch. Ertönen aufgrund der vergrößerten Luftkammern leicht gluckernde Geräusche, ist das Ei schon älter, ohne dass sich aber das genaue Alter sagen lässt.

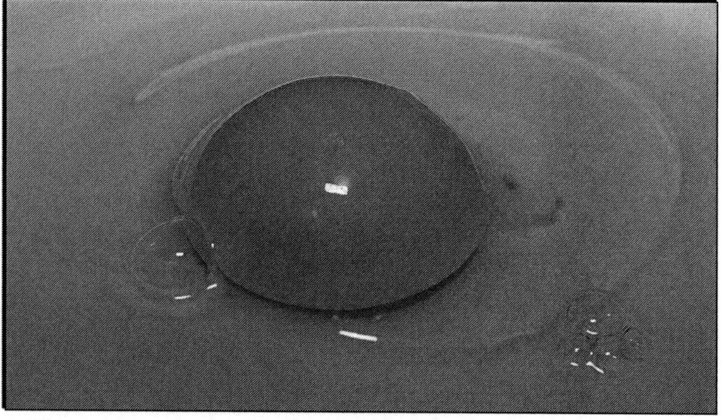

Dieses aufgeschlagene Ei ist ganz frisch. Der Dotter zeigt eine kräftige (fast halbkugelförmige) Wölbung.

Eine dritte Methode zur Altersermittlung eines rohen Eies besteht darin, es aufzuschlagen und den Inhalt vorsichtig auf einen flachen Teller zu geben. Weist der Dotter eine deutliche Wölbung auf, handelt es sich um ein sehr frisches Ei. Dagegen ist bei einem sehr alten Ei der Dotter stark abgeflacht und das Eiklar sieht dann wässrig aus.

Lernwerkstatt Das Ei
Ein Meisterwerk der Natur unter der Lupe – Bestell-Nr. 12 828

12 Gekocht oder roh?

Jetzt wollen wir ein kleines Experiment durchführen, mit dem man feststellen kann, ob ein Hühnerei roh oder hartgekocht ist.

Dazu benötigst du ein rohes Ei und ein zweites, das etwa 10 Minuten gekocht wurde. Beginne das Experiment mit dem hartgekochten Ei. Lege dieses auf eine glatte, gleichmäßig ebene Fläche. Dann nimmst du es zwischen Daumen und Zeigefinger und versetzt es in eine kräftige Drehbewegung.

Um festzustellen, ob ein Ei roh oder gekocht ist, kann man es auf einer glatten Unterlage Rotieren lassen.

Im nächsten Augenblick lässt du das Ei los, sodass es frei rotieren kann. Nach 2 Sekunden tippst du mit dem Zeigefinger einmal ganz kurz, aber sehr kräftig auf das Ei, sodass dessen Bewegung gestoppt wird. Anschließend nimmst du den Finger sofort wieder weg. Du wirst feststellen, dass das Ei anschließend starr liegen bleibt.

Nun führst du das gleiche Experiment mit dem rohen Ei durch. Nachdem du dessen Bewegung mit dem Zeigefinger gestoppt und diesen sofort wieder weggenommen hast, wirst du feststellen, dass das Ei sich wieder zu drehen beginnt oder zumindest etwas wackelt.

Das rotierende Ei wird ganz kurz mit dem Zeigefinger gestoppt. Bewegt es sich anschließend nicht mehr, handelt es sich um ein gekochtes Ei.

<u>Aufgabe 1</u>: *Überlege was die Ursache sein könnte, dass das rohe Ei nach dem zwischenzeitlichen Stoppen weiter rotiert. Tipp: Denke in diesem Zusammenhang einmal an starke Wellen im Meer. Schreibe das Ergebnis deiner Überlegungen kurz auf.*

13 Gut für den Gartenboden

Wie du bereits weißt, besteht die Eierschale zum größten Teil aus Kalk, bei dem es sich um einen Mineralstoff handelt. Weitere Mineralstoffe sind beispielsweise Magnesium, Kalium, Phosphor und Stickstoff.

Pflanzen benötigen Kalk zum Wachsen. Deshalb gehören Eierschalen nicht in den Hausmüll, sondern in den Komposter.

Für ihre Ernährung und das Wachstum benötigen die Pflanzen im Garten diese und andere Mineralstoffe, welche sie über ihre Wurzeln aufnehmen. Allerdings müssen die Mineralstoffe dazu in äußerst winzige Teilchen zerlegt sein, weil sie sonst nicht die Wurzeln der Pflanzen passieren können.

Um den in den Eierschalen enthaltenen Kalk sinnvoll zu nutzen, sollten wir diese in möglichst zerkleinerter Form in den Komposter und nicht in den Hausmüll werfen. Warum sollen die Schalen zerkleinert werden, wirst du vielleicht jetzt fragen. Nimm dir dazu einmal einen rechteckigen Schokoriegel. Er besitzt 6 Seiten. Wenn du diesen Riegel in der Mitte durchbrichst, entstehen an der Bruchstelle zusätzlich zu den vorhandenen Flächen zwei neue Flächen.

Bei den zerbrochenen Eierschalen ist das ähnlich. Je stärker sie zerbrochen werden, umso mehr zusätzliche Flächen entstehen. Sämtliche Flächen stellen wiederum Bereiche dar, an denen sowohl im Komposter als auch später im Gartenboden chemische Vorgänge stattfinden können, durch welche die Eierschalen weiter zerkleinert werden.

Um besser zu verstehen, wie diese chemischen Reaktionen erfolgen, wollen wir wieder ein kleines Experiment durchführen.

<u>Aufgabe 1</u>: *Du gibst ein rohes Ei in ein mit Essig gefülltes Glas und wartest 5 Minuten. Dann schreibst du kurz auf, was an dem Ei beobachtet wurde.*

Lernwerkstatt Das Ei
Ein Meisterwerk der Natur unter der Lupe – Bestell-Nr. 12 828

14 In der Ostereier-Werkstatt

Ostern ist hier zu Lande ein sehr beliebtes Fest, bei dem für viele Kinder die bunt gefärbten Eier zu den Höhepunkten gehören.

Das Färben kann sowohl mit industriell hergestellten als auch mit natürlichen Farben erfolgen. Letztere haben den Vorteil, dass sie besser umweltverträglich sind. Aus diesem Grund kann man die Reste dieser Farben mit gutem Gewissen im Komposter entsorgen, in welchem sie zu wertvollen Bodenbestandteilen umgewandelt werden.

Außerdem lässt sich Geld sparen, wenn man die Materialien, die zur Herstellung der Farben erforderlich sind, aus dem Garten oder aus der Natur entnimmt. Bei manchen dieser Materialien handelt es sich sogar um Abfälle aus der Küche, die ohnehin für den Komposter bestimmt waren, jedoch zuvor eine zusätzliche Nutzung erfahren.

Die folgende Tabelle gibt einen Überblick, mit welchen Naturmaterialien die Eierschalen unterschiedliche Farben erhalten:

Farbe	Materialien	Wie viel Material ist pro 0,5 l Wasser nötig
rot	Schalen von Roter Bete (auch Rote Rübe genannt) oder von roten Zwiebeln	100 g rote Bete oder 40 – 50 g Zwiebelschalen
gelb	getrocknete Kamillenblüten	50 g getrocknete Blüten
grün	frische Spinatblätter oder junge Brennnesseln	200 g Spinat oder Brennnesseln
orange	Schalen von gelben Zwiebeln	40 – 50 g Zwiebelschalen
violett	Außenblätter von Rotkohl	200 g Außenblätter
braun	Schwarzer Tee	2 gehäufte Teelöffel Schwarzer Tee

KOHL VERLAG Lernwerkstatt Das Ei
Ein Meisterwerk der Natur unter der Lupe – Bestell-Nr. 12 828

14 In der Ostereier-Werkstatt

Zwiebelschalen ...

... die Schalen von Roter Bete ...

... junge Brennnesseln ...

und Spinat eignen sich gut als natürlicher Farben für Ostereier.

Hinweis: Du kannst auch etwas mehr von den jeweiligen Materialien nehmen, dann färben sich die Eierschalen noch kräftiger.

Wie geht man beim Eierfärben vor?

Zunächst werden die Eier, die du färben möchtest, 6 Minuten lang gekocht. Anschließend gibst du das jeweilige Material, mit dem die Färbung erfolgen soll, in einen halben Liter Wasser und lässt das Ganze etwa 15 Minuten lang kochen. Dann gibst du die bereits vorgekochten Eier in die Farbflüssigkeit, in der sie weitere 4 Minuten gekocht werden.

Lernwerkstatt Das Ei
Ein Meisterwerk der Natur unter der Lupe – Bestell-Nr. 12 828

In der Ostereier-Werkstatt

Anschließend nimmst du die Eier aus der Farbflüssigkeit und lässt sie abkühlen. Wenn du möchtest, dass die Ostereier besonders schön glänzen, werden diese nach dem Abkühlen mit einem Tuch poliert, auf das ein wenig Speiseöl geträufelt wurde.

Wem die gefärbten Eier immer noch zu eintönig sind, kann sie durch hellere Muster verzieren. Dafür sind nur ein Wattestäbchen und etwas Zitronensaft erforderlich. Zunächst tauchst du die Spitze des Wattestäbchens in den Zitronensaft und lässt sie dann ein wenig abtropfen. Danach kannst du mit dem Wattestäbchen wie mit einem Stift Muster auf die Eierschale malen. Durch den Zitronensaft, bei dem es sich genau wie beim Essig, um eine Säure handelt, wird die Farbe auf den Eierschalen weggeätzt. Je länger du dabei die Spitze des Wattestäbchens auf eine Stelle hältst, umso heller wird diese.

Des Weiteren besteht die Möglichkeit, die Eier mit einem kleinen Blatt- oder Blütenmuster zu verzieren. Hierfür suchst du zunächst im Garten, im Wald oder auf einer Wiese ein paar kleine Blättchen oder Blüten, deren Form dir besonders gut gefällt. Dann wird eine alte, nicht mehr brauchbare Nylonstrumpfhose in 20 cm lange schlauchartige Stücke zerschnitten. Die unteren Enden dieser Stücke bindest du mit einem Knoten zu. Anschließend legst du eine kleine Blüte oder ein Blättchen auf eins der gekochten Eier und ziehst das Strumpfhosenstück vorsichtig darüber.

KOHL VERLAG Lernwerkstatt Das Ei
Ein Meisterwerk der Natur unter der Lupe – Bestell-Nr. 12 828

14 In der Ostereier-Werkstatt

Dabei musst du darauf achten, dass das Blättchen beziehungsweise die Blüte nicht verrutscht. Außerdem ist es sehr wichtig, dass das Strumpfhosenstück ganz fest an der Eierschale anliegt.

Nun wird das andere Ende des Strumpfhosenstücks verknotet.

Danach gibst du das Ei in die vorbereitete Farbflüssigkeit, in der es 4 Minuten verbleibt. Abschließend wird das Ei herausgenommen und man lässt es ein wenig abtrocknen. Bevor die Eierschale jedoch völlig trocken ist, zieht man vorsichtig das Strumpfhosenstück herunter und entfernt das Blättchen oder die Blüte. Auf diese Weise vermeidet man, dass die Blüten oder Blättchen auf der Schale festkleben und dann mühsam heruntergekratzt werden müssen.

Mit Blättchen-Mustern gestaltete Ostereier.

Mit den Schalen von Roter Bete lassen sich übrigens nicht nur Eierschalen rot färben, sondern auch gepellte Eier. Dazu werden die zuvor hartgekochten und anschließend gepellten Eier sofort in die Farbflüssigkeit gegeben, in der du sie 4-5 Minuten bei kleiner Hitze köcheln lässt. Nach dem Herausnehmen kannst du rot gefärbten Eier entweder erst abkühlen lassen oder sie bereits im warmen Zustand verzehren.

Lösungen

So entsteht ein Hühnerei

Aufgabe 1:

„Die Hühner besitzen in ihrem Körper ein Organ, das man als Eierstock bezeichnet. In ihm wird aller ein bis zwei Tage eine Eizelle gebildet. Diese ist zunächst so klein, dass man sie kaum mit den bloßen Augen sehen kann, sondern dafür ein Mikroskop benötigt. In der Folgezeit werden zahlreiche Nährstoffe in die Eizelle eingelagert. Dadurch wächst sie allmählich zu einer riesigen Dotterkugel heran. Diese wandert vom Eierstock in den Eileiter. In dessen ersten Abschnitt bildet sich eine ganz dünne Haut um die Dotterkugel. Damit ist der Dotter, so wie wir ihn von unseren Frühstückseiern kennen, fertig gestellt. In nächsten Abschnitt des Eierleiters erfolgt die Bildung des Eiklars, das sich um den Dotter lagert. Vom Eileiter gelangt das noch immer unfertige Ei in die Kalkkammer. Bei der Kalkkammer handelt es sich ebenfalls um ein Organ, in dem innerhalb von 17 Stunden die Eierschale gebildet wird. Diese besteht hauptsächlich aus Kalziumkarbonat, das man umgangssprachlich als Kalk bezeichnet. Zum Schluss wird die äußere Schale mit einem dünnen Häutchen umzogen, das man mit den bloßen Augen nicht wahrnehmen kann. Dieses Häutchen nennt man Kutikula. Es dient vor allem dazu, das Ei möglichst lange Zeit vor dem Austrocknen zu schützen.
Das fertige Ei gelangt durch die Kloake ins Freie. Bei der Kloake handelt es sich um eine Öffnung am hinteren Körper des Huhns, die außerdem zum Ausscheiden von Kot und Harn dient.
Der Vater ergänzt: „Auch wenn es noch immer viele Menschen so bezeichnen, ist es nicht ganz korrekt, beim Eiklar vom Eiweiß zu sprechen. Stattdessen sind Eiweiße chemische Verbindungen, aus denen die Körper aller Tiere und Pflanzen zu einem Großteil aufgebaut sind.

Weitere Bestandteile des Eies

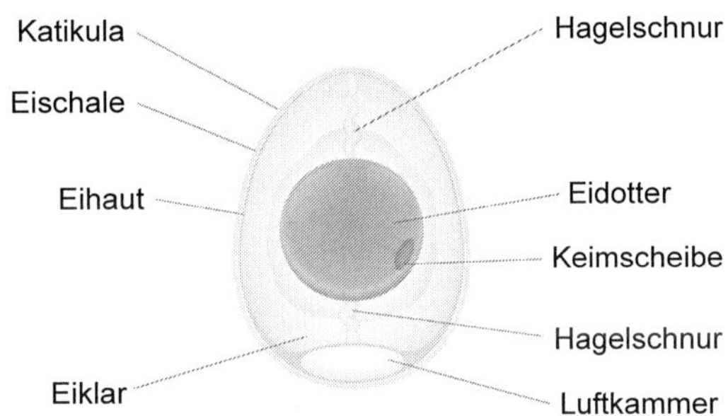

Nur 15-25 Eier pro Jahr

Aufgabe 1:

Für das 40 g schwere Ei
Zuerst wurden wieder die Zahlen der mengenmäßigen Anteile von Schale, Dotter und Eiklar addiert, also 1 + 3 + 6 = 10.
Dann musste das Gewicht des 40 g schweren Eies durch 10 dividiert werden, also 40 g : 10 = 4 g.
Mit den 4 g wurden die jeweiligen Zahlen multipliziert, die für das mengenmäßige Verhältnis von Schale, Dotter und Eiklar angegeben waren.
Schale: 1 • 4 g = 4 g
Dotter: 3 • 4 g = 12 g
Eiklar: 6 • 4 g = 24 g
Es erfolgte die Probe, ob die errechneten mengenmäßigen Bestandteile von Schale, Dotter und Eiklar tatsächlich ein 40 g schweres Ei ergaben, 4 g + 12 g + 24 g = 40 g.

Aufgabe 2:

Für das 60 g schwere Ei
Zuerst wurden wieder die Zahlen der mengenmäßigen Anteile von Schale, Dotter und Eiklar addiert, also 1 + 3 + 6 = 10.
Dann musste das Gewicht des 60 g schweren Eies durch 10 dividiert werden, also 60 g : 10 = 6 g.
Mit den 6 g wurden die jeweiligen Zahlen multipliziert, die für das mengenmäßige Verhältnis von Schale, Dotter und Eiklar angegeben waren.
Schale: 1 • 6 g = 6 g
Dotter: 3 • 6 g = 18 g
Eiklar: 6 • 6 g = 36 g
Es erfolgte die Probe, ob die errechneten mengenmäßigen Bestandteile von Schale, Dotter und Eiklar tatsächlich ein 60 g schweres Ei ergaben, 6 g + 18 g + 36 g = 60 g.

Aufgabe 3:

Normalgroße Rasse: Rhodeländer
Zwerghuhn-Rasse: Federfüßige Zwerge

Schnurstraks hinter der Mutter her

Nestflüchter	Nesthocker
Hausente, Hausgans, Haushuhn, Kanadagans, Mandarinente, Perlhuhn	Amsel, Blaumeise, Buchfink, Feldsperling, Habicht, Haustaube, Mäusebussard, Mehlschwalbe, Saatkrähe, Schleiereule, Steinadler, Steinkauz, Türkentaube, Uhu

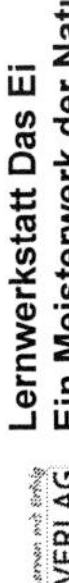

Lösungen

Schnurstraks hinter der Mutter her

Erklärungen zur Lösung: Wie du bereits erfahren hast, gehören mit Ausnahme der Küken der Haustauben die des anderen Hausgeflügels zu den Nestflüchtern. Das Perlhuhn ist relativ eng verwandt mit dem Haushuhn, die Kanadagans mit der Hausgans und die Mandarinente mit der Hausente. Folglich sind auch die Küken von Perlhuhn, Kanadagans und Mandarinente Nestflüchter.
Haustauben sind Nesthocker. Folglich handelt es sich auch bei den Küken der eng verwandten Türkentauben Nesthocker.
Ebenso sind die Küken der Singvögel Nesthocker. Zu den Singvögeln gehören Amsel, Blaumeise, Buchfink, Feldsperling, Mehlschwalbe und Saatkrähe. Obwohl es vielleicht etwas verblüffend klingen mag, aber die Saatkrähe ist tatsächlich ein Singvogel, auch wenn sie nicht singt, sondern krächzt. Ebenso sind alle anderen Rabenvögel, zu denen Kolkraben, Elstern, Krähen, Eichelhäher und Dohlen gezählt werden, Singvögel.
Auch bei den Küken der Greifvögel und Eulen handelt es sich um Nesthocker. Zu den Greifvögeln gehören Habicht, Mäusebussard und Steinadler, während Schleiereule, Uhu und Steinkauz Eulen sind.

Nicht nur Vögel legen Eier

Aufgabe 1:

Antwort b ist richtig. Du hast zuvor bereits erfahren, dass alle in Deutschland einheimischen Fischarten Eier legen. Die Bachforelle und der Stichling gehören zu den einheimischen Arten. Wenn du also richtig nachgedacht hast, bist du zu der Schlussfolgerung gekommen: weil es sich um einheimische Arten handelt, legen sowohl die Bachforelle als auch der Dreistachelige Stichling Eier.

Aufgabe 2:

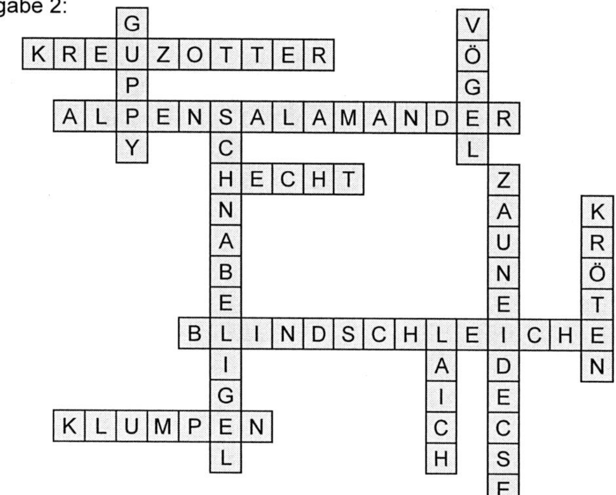

Eierdiebe in der Natur

Aufgabe 1:

~~Reh~~ – Waschbär – Steinmarder – Iltis – Eichelhäher – Wildschwein – Silbermöwe – ~~Rothirsch~~ – ~~Steinbock~~ – Fuchs – Marderhund – Kolkrabe – Iltis – Mauswiesel – ~~Gämse~~ – Igel – Eichhörnchen – Ratte – ~~Damhirsch~~ – Dachs

Frisch oder alt?

Aufgabe 2:

Der Grund, warum ältere Eier im Wasser aufstehen oder sogar zu schweben beginnen, liegt darin, dass sich ihre Luftkammern mit zunehmender Zeit immer mehr vergrößern. Ähnlich wie der mit Luft gefüllte Ball, beginnen sich die Eier in Richtung der Wasseroberfläche zu erheben. Falls es sich sogar um ein extrem altes Ei handelt, hat sich dessen Luftkammer bereits derartig vergrößert, dass es der vorhandene Auftrieb im Wasser schweben lässt.

Gekocht oder roh?

Aufgabe 1:

Im Unterschied zu dem hartgekochten Ei, verschiebt sich der flüssige Inhalt des rohen Eies während der Drehbewegungen. Wenn nun das rohe Ei gestoppt wird, dauert die Bewegung der im Inneren befindlichen Flüssigkeit noch an. Dadurch wird das Ei nach dem kurzen zwischenzeitlichen Stoppen noch etwas in Bewegung versetzt.

Gut für den Gartenboden

Aufgabe 1:

Auf der Eierschale sind winzige Bläschen zu sehen. Davon steigen immer wieder welche zur Oberfläche.
Der Grund für diese Bläschen sind chemische Reaktionen, bei denen der Essig winzige Kalkteilchen aus der Schale löst.
Chemisch gesehen, handelt es sich beim Essig um eine Säure. Auch im Komposter sowie im Boden sind zahlreiche Säuren, zum Beispiel Huminsäuren, enthalten. Sie lösen im Laufe der Zeit, was mitunter zwei Jahre und länger dauert, die Eierschalen völlig auf. Dabei entstehen jene winzigen Kalkteilchen, die du bereits kennst und die den Pflanzen als Nährstoffe dienen.
Vielleicht hast du schon einmal beim Ostereierfärben geholfen und dabei gesehen, dass die Schalen der hartgekochten Eier vor dem Färben kurz mit einem essiggetränkten Lappen abgerieben wurden. Dadurch lösen sich ebenfalls winzige Kalkteilchen aus der Schale, wodurch diese etwas rauer wird und die Ostereierfarben besser an ihnen haften bleiben.

Lernwerkstatt Das Ei
Ein Meisterwerk der Natur unter der Lupe – Bestell-Nr. 12 828